LA FÊTE DE L'ÉGALITÉ,

COMÉDIE

EN UN ACTE,

Par J. B. Radet, et F. G. Desfontaines;

Représentée, pour la première fois, à Paris, sur le Théâtre du Vaudeville, le 7 Ventose de l'an deux de la République Française.

Nouvelle Edition.

Prix : Cinquante sols, avec la Musique.

A PARIS,

Chez les Libraires { Au Théâtre du Vaudeville.
Au Théâtre rue Martin.
A l'Imprimerie, rue des Droits de l'Homme, n°. 44.

Prairial, An IIIe.

PERSONNAGES.	ACTEURS.
	Les CC. et C^{nes}.
GERARD, riche cultivateur, et Maire du lieu.	Bourgeois.
AGATHE, sa fille.	Lescot.
GRIFFET, riche propriétaire, amant d'Agathe.	Carpentier.
DUPRÉ, jardinier de Griffet, aussi amant d'Agathe.	Henri.
JACQUELINE.	Duchaume.
UN PAYSAN.	Amant.
CHŒURS, etc.	

La Scène est dans une petite Commune de campagne.

LA FÊTE DE L'ÉGALITÉ,

COMÉDIE

EN UN ACTE.

LE Théâtre représente la place de la Commune ; la maison de Gérard, sur la droite, est plus apparante que les autres. Au fond, la Statue de la Liberté ; d'un côté, et de l'autre, celle de l'Égalité : devant chacune de ces statues, les bustes des martirs de la liberté. Au milieu, la tribune, ombragée de feuillage, et au-devant un petit tertre pour recevoir le buste de J. J. Rousseau.

SCÈNE PREMIÈRE.

JACQUELINE, seule, un bouquet à la main, regardant partout.

ENCORE personne !... mais il est d'bonne heure, et tout sera prêt pour tantôt. Les pères ordonnent, les mères cueillent les fleurs, les garçons montent les bouquets, les filles arrangent les guirlandes, la citoyenne Agathe fait les cocardes, et c'est juste. Pour la fête de l'égalité, tout l'monde doit travailler également, attendu que c'est la fête de tout l'monde.... aussi ces préparatifs là font plaisir à voir. Les bustes de nos fidèles défenseurs, la statue de la liberté, celle de l'égalité, et au milieu la p'tite bute de gazon où c'que jallons placer celui à qui j'devons tout ça. Le grand Jean-Jacques Rousseau !... Entre la liberté et l'égalité, c'est bien là sa place. (*elle appelle*) Agathe.... Citoyenne Agathe. (*Considérant son bouquet.*) Il est bien l'bouquet du p'tit ami; il est très-bien, et je ne sais pourquoi il ne la pas apporté lui-même..... Ah! il a bien fait; il n'aurait pas osé l'offrir, Agathe n'aurait pas osé le recevoir.... Ils sont si timides, si réservés tous les deux.... sur-tout le p'tit ami....

AIR : *Si l'on pouvait rompre la chaîne.*

Aussi modeste que sensible,
Il a craint que c'te chère enfant
Ne se montrât inaccessible
A l'offre d'un bouquet galant.
Moi, j'n'ai pas peur qu'ell' me renvoye,
En refusant ce don flatteur ;
On reçoit toujours avec joie
Ce qui se donne de bon cœur. (*bis.*)

SCÈNE II.

JACQUELINE, AGATHE, *sortant de chez elle avec une corbeille pleine de cocardes.*

JACQUELINE.

Ah! citoyenne Agathe, j'allais chez vous.

AGATHE.

Bon jour, Jacqueline.

JACQUELINE.

J'vous salue, citoyenne. V'la un bouquet, un p'tit bouquet que Dupré, le p'tit ami, m'a chargée de vous remettre.

AGATHE.

A moi ?

JACQUELINE.

Sûrement à vous; quoiqu'il ne me l'ait pas dit tout de suite.

AGATHE.

Comment donc ?

JACQUELINE.

Ah ! dame, fallait voir ça !

Air: *Comment goûter quelque repos !*

Comme avec peine il s'expliquait,
En cueillant la rose nouvelle !
Il n'osait pas me nommer celle
Qui méritait c'joli bouquet,
Moi, parmi les fill's de votre âge,
Tout d'abord j'ai su vous d'viner,
Drès qu'il m'a dit de le donner
A la plus belle, à la plus sage. (*bis.*)

AGATHE, *recevant le bouquet.*

En l'acceptant de bien bon cœur,
Je réponds à sa politesse ;
Pour le compliment qu'il m'adresse,
Ah ! je le trouve trop flatteur.
Parmi les filles de mon âge,
Dupré distingue mes attraits ;
Je n'en suis la plus belle ; mais,
Je veux en être la plus sage. (*bis.*)

JACQUELINE.

La plus sage, et la plus belle ; vous êtes l'une et l'autre puisque le p'tit ami l'a dit. Il s'y connaît, l'ptit ami, et il n'estime pas tout l'monde

AGATHE.

Ah ! je suis bien sensible....

JACQUELINE.

C'est un si honnête garçon! Toujours prêt à rendre service, aucun danger ne l'arrête quand il s'agit d'obliger : l'année passée, il s'est jetté à l'eau pour retirer le garçon du moulin qui allait se noyer. L'autre jour encore, ne s'est-il pas précipité à travers les flammes pour sauver l'enfant de la grande Simone !

AGATHE

Ah ! oui.... c'est un jeune homme bien estimable.

JACQUELINE.

Et qui ne devrait pas être pauvre, attendu que son père était riche; mais il est trop bon, c'père là; eh puis les malheurs, le feu, la grêle, et pis que tout ça, les chicanes du seigneur de chez nous qui, dieu merci, est mort de la révolution, et c'est dommage, car avant c'tems-là, lui et ses pareils, ils allaient ben.

AIR: *Des folies d'Espagne.*

Contr' les seigneurs, dans l'ancien ordre d'choses,
Les paysans réclamaient sans succès;
Comm'les seigneurs gagnaient toutes les causes,
Les paysans perdaient tous les procès.

AGATHE.

Oui, les grands avaient tout pouvoir.

JACQUELINE.

Et c'quils appelliont la justice! c'te légion de r'cors, c'te nuée de robes noires: quand ça tombait queuque part, c'était un ravage, un pillage, un brigandage.... et pas moyen d'sen garantir, non....

AIR: *Mon petit cœur.*

Comme les rats, chez-nous en abondance,
De la chicane arrivaient les suppots;
Et, sans pitié, cette maudite engeance,
Nous tourmentait, nous rongeait jusqu'aux os:
Mais, grace au ciel, et malgré la malice
D'ces chiens d'huissiers, procureurs, avocats,
On a trouvé la *mort aux gens de justice*,
Comme on avait trouvé la *mort aux rats.*

AGATHE.

Heureusement pour nous.

JACQUELINE.

Mais trop tard pour le père de Dupré, auquel il n'est resté que ses vertus et sa probité, qu'on n'avait pas pu lui prendre, et qu'il a laissées à son fils, qui est ben l'pus gentil sujet.....

AGATHE.

Oui, mon père en fait grand cas; il m'en parle souvent.

JACQUELINE.

On n'en saurait trop parler. C'est moi qui l'ai élevé ; j'étais servante dans la maison ; aussi il m'aime, il m'aime !!.... Savez-vous c'qu'il fait pour moi ? C'te p'tite chaumière où c'que j'loge, c'est tout c'qui lui restait au monde ; eh ben, il me l'a donnée.

AGATHE.

Il te l'a donnée ?

JACQUELINE.

Avec la chénevière qui en dépend, et d'laquelle il n's'est reservé qu'un p'tit coin, pour vous cultiver des fleurs, et v'la qu'vous avez les premières.

AGATHE.

Qu'il a cultivées pour moi ?

JACQUELINE.

Pour vous. Il n'a rien à lui, et tout c'qu'il gagne chez c'Griffet, dont il est le jardinier, il me l'apporte, et c'est c'qui m'fait vivre.

AGATHE.

Est-il possible !.... ah ! que son bouquet est joli !

JAQCUELINE.

Il aurait ben voulu vous l'offrir lui-même ; mais c'est qu'il craignait....

AGATHE.

Avec moi ?.....

JACQUELINE.

Oh ! il sait ben qu'vous êtes bonne, c'est comme v'ot' père... qui est le plus brave homme.... qui est devenu riche, en tout bien, tout honneur, et qui n'en est pas plus fier ; aussi je l'chérissons dans notre commune, c'qui fait que j'l'avons nommé n'ot' maire, tout d'une voix et par exclamation.

A 4

AGATHE.

On ne pouvait choisir ni un plus honnête homme, ni un meilleur patriote.

JACQUELINE.

Oh ! ça, c'est ben vrai.... (*appercevant Dupré qui parait au fond du Théâtre.*) Tenez, le v'la, le v'la.

AGATHE.

Mon père ?

JACQUELINE.

Non, le p'tit ami.

AGATHE.

Pourquoi n'approche-t-il pas ?

JACQUELINE.

Ah ! dame, il est si timide qu'il n'osera jamais vous approcher que de loin.

SCENE III.
JACQUELINE, AGATHE, DUPRE.

JACQUELINE, *à Dupré qui n'ose approcher.*

AIR : *Examinez sa grace.*

Avancez-donc.

DUPRE.
Je tremble.

AGATHE.
Il tremble !
Comment donc, et pourquoi !

DUPRE

J'hésite malgré moi.

JACQUELINE, *à Dupré*.

Vous causerez ensemble.

DUPRE.

Ensemble !

JACQUELINE.

Eh ! v'nez donc sans frayeur.

DUPRE, AGATHE, *à part*.

Je sens battre mon cœur.

JACQUELINE.

Du courage, allons donc,
Mon garçon ;
Venez près d'Agathe,
Elle n'est point ingrate :
Voyez votre bouquet ;
Il pare son corset.

AGATHE.

Oui, ce présent me flatte.

DUPRE.	JACQUELINE.
Vous flatte !	
Ah ! vous comblez mes vœux !	Ah ! vous comblez ses vœux.
Combien je suis heureux !	Combien il est heureux !

AGATHE.

Mais, Dupré, vous vous êtes privé de vos fleurs....

DUPRE.

Privé ! ah ! j'aime bien mieux les voir là que dans mon jardin.

AGATHE.

Et moi, je sens que je les porte avec plaisir.

DUPRE.

Mon bouquet dans vo-tre cor-sa-ge! Que ce mo-

ment me semble doux! Ah! pour vous fai-re un tel hom-

mage, Que ne suis-je di-gne de vous; Un au-tre jour,

mon cœur l'ac-cu-se, Je ne l'aurais pas présen-té: Mais aujour-

d'hui j'ai pour ex-cu-se, La Fê-te de l'E-ga-li-té; Mais

au-jourd'hui j'ai pour ex-cu-se, La Fê-te de l'E-ga-li-

té.

AGATHE.

Vous n'aviez pas besoin de cette occasion là; nous ne fêtons pas l'égalité tous les jours; mais tous les jours elle doit régner parmi nous.

JACQUELINE.

C'est ça parler! et si tout l'monde pensait d'même.... à commencer par ce Griffet,

DUPRE, à *Agathe*.

N'est-il pas chez vous ?

AGATHE.

Oui, il est avec mon père.

JACQUELINE.

Pour la fête de tantôt, sûrement ; comme il y va faire son embarras !

AGATHE, à *Dupré*.

Vous êtes son jardinier ? Vous traite-t-il bien ?

DUPRE.

Je ne m'en plains pas.

JACQUELINE.

Oh ! le p'tit ami ne se plaint de rien.

AGATHE.

Il est riche, le citoyen Griffet ?

DUPRE,

Très-riche.

JACQUELINE.

Pardi ! son père était bailly, c'est tout dire. Eh bien, il est encore mort de la révolution, celui-là, et j'ai ben peur que son fils n'en fasse autant.

DUPRE.

Mais il est patriote.

AGATHE.

Il ne cesse de le dire.

JACQUELINE.

Lui patriote ! Il est vaniteux, avare, hableur, méchant, poltron ; et avec ça, on n'est pas patriote ; mais il fait semblant de l'être, comme bien d'autres. Quoique ça, l'caractère perce. Oh ! ces aristocrates..

AIR : *De la Croisée.*

Ils ne sav'pas jouer leur jeu,
Et ça, parc'qu'ils ont l'esprit bête :
Qu'leu parti réussisse un peu,
Crac, les v'la qui levent la tête ;
Mais dès l'instant que j'nous montrons,
Ils s'cach', et de colère ils bouffent :
Oui, tout'les fois que j'respirons
　　L's'aristocrates étouffent. (*bis.*)

AGATHE.

Mais j'oublie avec vous qu'on attend les rubans, et je cours les porter.

DUPRE.

Les rubans ?... Y en aura-t-il pour tout le monde ?

AGATHE.

Oui, Dupré.

JACQUELINE.

Ce n'est pas Dupré qu'il faut l'appeller ; c'est petit ami.

AGATHE, *lui donnant des rubans.*

Eh bien, (*baissant les yeux*) petit ami, vous aurez le premier.

DUPRE.

De votre main ?

JACQUELINE.

Comme c'est honnête!

AGATHE.

(*Pendant la ritournelle, elle prend une cocarde dans la corbeille.*)

AIR : *Chantons l'amour et ses plaisirs.*

De vous j'ai reçu le bouquet ;
De moi recevez la cocarde.

DUPRE.

Ah ! que mon cœur est satisfait !
C'est contre lui que je la garde ;
Pour la fête elle me manquait. (*bis*)

AGATHE.

J'y porterai votre bouquet.

DUPRE.

J'y porterai votre cocarde,

AGATHE, DUPRE, JACQUELINE.

Ce beau jour nous rapproche tous ;
Ah ! que de bonheur il fait naître !
Mais le plus vrai, mais le plus doux,
C'est le plaisir de vous connaître.

Agathe sort, et Dupré la conduit en la suivant des yeux.

SCÈNE IV.

DUPRE, JACQUELINE.

JACQUELINE, *soupirant.*

Ah !.... ça m'rappelle l'tems de ma jeunesse, où c'que Colin m'apportait des bouquets, et qu'i m'disait.... Ah ! comme il me le disait....

AIR : *D'un bouquet de romarain.*

Chaqu' fleur te peint dans c'bouquet
  Mon ardeur extrême ;
Que j'l'attache à ton corset,
  Cher objet que j'aime.

A mon corset ?.... oui, ma bonne amie... non, mon bon ami, non... il insistait, je rougissais, il s'animait, s'avançait, me pressait.

Mais malgré l'ton absolu
De c'tamant trop résolu,
J'ai toujours, toujours voulu
  Le placer moi-même. (*bis.*)

DUPRE, *revenant sur le devant de la scène.*

Qu'elle est aimable, la citoyenne Agathe !...

JACQUELINE.

Oui, jolie enfant! pas fière, pas coquette, pas précieuse ; c'est dommage....

DUPRE.

Dommage!

JACQUELINE.

Elle est douce, tu es doux ; elle est généreuse, tu es généreux ; elle est avenante, tu es avenant ; mais tu es pauvre, et elle est riche.

DUPRE.

Elle n'avait pas besoin de l'être.

JACQUELINE.

Pourquoi donc ça ?

DUPRE.

AIR : *Jeunes amans, cueillez des fleurs.*

Agathe, avec sincérité,
Aime sa patrie et son père ;
Agathe, pleine de bonté,
Dans chacun de nous voit un frère :
Agathe joint à tout cela
Raison, candeur, esprit, sagesse ;
D'une femme ces vertus là
Sont la véritable richesse.   (bis.)

JACQUELINE

Oui, j'entends bien ; mais, quoique ça, l'ia une autre ichesse qui, malheureusement, compte davantage, et qui dérangera long-tems c'te précieuse égalité dont devrions tous être heureux.

SCENE V.

Les mêmes, GRIFFET.

GRIFFET, *sortant de chez Agathe, et se frottant les mains d'un air très-satisfait.*

AIR : *En quatre mots je vais vous conter ça.*

ALLONS, c'est fait, et me voilà pourvu ;
J'ai réussi, dès qu'on m'a vu ;
Je l'avais bien prévu.
Pour moi, ma bonne tenue,
Ma conduite soutenue
Avait prévenu ;
Et sans citer mon nom, mon revenu,
Ce tendron ingénu
Me serait revenu ;
Par mon mérite reconnu
Je l'aurais obtenu.

DUPRE, *à part.*

Que veut-il dire ?

GRIFFET, *à Dupré.*

Ah ! te voilà... j'ai à te parler (*à Jacqueline*) bon jour, bonne femme.

JACQUELINE

Bon jour, bon homme.

GRIFFET.

Hein ?...

JACQUELINE.

Qu'est-ce que c'est donc que ct'endron inconnu qu'vous avez obtenu, par vot'mérite ingénu ?

GRIFFET.

La fille du citoyen Gérard.

DUPRE.
Agathe?

GRIFFET.
C'est une affaire arrangée.

JACQUELINE, *regardant Griffet des pieds à la tête.*
Vous l'épousez?

GRIFFET.
Oui.

DUPRE.
Elle vous aime?

GRIFFET.
Oui.

DUPRE.
Elle vous l'a dit?

GRIFFET.
Non; mais elle va me le dire.

JACQUELINE.
Et son père?

GRIFFET.
Oh! son père est enchanté, et dès l'instant qu'il a connu mes intentions, il m'a répondu sans hésiter... en riant, là... avec cette franchise que vous lui connaissez... Il m'a répondu, en propres termes; nous verrons.

JACQUELINE.
Il a répondu ça?

GRIFFET.
Mots pour mots; et vous entendez bien que quand un père estimable, dit à un jeune homme qu'il estime; nous verrons, c'est que tout est vu.

JACQUELINE.
Oh! vous avez raison; c'est une affaire arrangée. (*à part.*) Qu'il est bête!

GRIFFET,

(17)

GRIFFET, à Dupré.

Tu es bien aise, n'est-ce pas ?

DUPRE.

Oui, je suis bien aise que le père ait dit; nous verrons.

GRIFFET, affectueusement.

Je t'en remercie.

JACQUELINE.

Oh ! l'ex-cel-len-te af- fai-re ! La fil-le ne dit rien,

Nous verrons, dit le pè-re ! Ah ! qu'tout ça mar-che bien !

Quelle tê-te ! Quel bonheur s'apprê- te L'amoureux et ga-

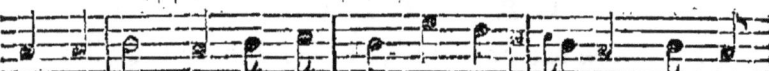
lant Griffet ! Que vot' cœur doit êt' sa-tis-fait ! Ah ! pour être

en ef-fet, Si sûr de son fait ; Il faut ê-tre fait, Bienfait, et par-

fait, Comm' monsieur Griffet.

(*Elle sort en haussant les épaules, et se mocquant de Griffet.*)

B

SCÈNE VI.

GRIFFET, DUPRE.

GRIFFET.

Oui, il faut tout cela; la vieille a raison.... Oh! ça Dupré, ce que je viens de conclure change mes dispositions à ton égard, et tu ne seras plus mon jardinier.

DUPRE.

Vous me renvoyez?

GRIFFET.

Non, je te garde, et je te fais un sort.

DUPRE.

Un sort!

GRIFFET.

Oui, mon ami, tu seras valet de chambre.

DUPRE.

Bien obligé : j'aime mieux rester jardinier, et bêcher la terre, que d'être valet.

GRIFFET

Tu ne sais ce que tu dis; je me marie, et je te donne à ma femme.

DUPRE.

A votre femme?

GRIFFET.

A ma femme.

DUPRE.

Je ne vous servirai pas?

GRIFFET.

Esprit bouché!... tu nous serviras, mais tu seras particulièrement attaché à ma femme, à la personne de ma femme. Cela est-il clair?

DUPRE.

Ah! oui, j'entends.

GRIFFET.

C'est heureux.

DUPRE.

Quelle différence!

AIR : *Vous m'ordonnez de la brûler.*

Qu'auprès d'Agathe, avec plaisir,
  Je passerai ma vie !
Prévenir ses moindres desirs,
  C'est mon unique envie.
Aménité, bonté, douceur,
  Tout en elle intéresse ;
Et je mettrai tout mon bonheur   (bis.)
  A l'avoir pour maîtresse.

GRIFFET.

Je le crois.

DUPRE.

Oui, je mettrai tout mon bonheur, etc.

GRIFFET.

Tu verras comme tu seras content. On est bien avec un bon maître ; mais on est bien mieux avec une bonne maîtresse.

AIR : *Vaudeville de l'île des Femmes.*

Femme que l'on sert est toujours
Sensible à ce qu'on fait pour elle ;
Par mil petits riens, tous les jours,
Elle peut payer notre zèle :
Le moindre égard, le moindre soin
Touche son ame bienfaisante ;

Et certainement, mon ami.

  La reconnaissance va loin,
  Quand la femme est reconnaissante.   (bis.)

DUPRE.

Je ferai tout pour mériter les bontés d'Agathe.

GRIFFET.

C'est pour ça que je te retiens. (*Le faisant tourner.*) Mais tu n'es pas habillé.

DUPRE.

Bah !

GRIFFET.

Tu es bien pour un jardinier ; mais pour le valet de chambre de madame Griffet, car c'est son valet de chambre que tu vas être, il faut que tu sois mis.... comme moi, c'est-à-dire, presque comme moi ; attendu la différence qu'il y a de moi à toi ; et de toi à moi, ce qui n'empêche pas que nous ne soyons égaux ; mais n'ayant pas la même fortune que moi, tu ne peux pas avoir le même esprit que moi.

DUPRE.

Je n'en suis pas jaloux.

GRIFFET.

Je connais ton bon cœur, et je m'en souviendrai en tems et lieu.... (*Il s'éloigne de Dupré en réfléchissant, puis tout à coup, il l'appelle à lui.*) Dupré... st... Tu vois bien cet habit-là ; tâte.... non mais tâte.... c'est un drap excellent dont je ne peux pas voir la fin. Eh bien, devine.... Je ne dis pas que je te le donnerai ; mais je ne dis pas que je ne te le donnerai pas.

DUPRE.

Il vous va si bien.

GRIFFET.

C'est égal.... par exemple, je ne te donnerai pas le gilet, non, pour le gilet je ne le pourrais pas, et encore je dis, nous verrons... car il y a des momens où rien ne me coûte.... On vient.... C'est ma future.

DUPRE, *à part, voulant s'en aller.*

Je n'ai pas le courage de rester.

(21)

GRIFFET, *l'arrêtant.*

Où vas-tu ? Ne faut-il pas que je te présente ? Reste-là, et tais-toi.

DUPRE, *à part.*

Je ne sais pourquoi je suis triste.

SCENE VII.

Les mêmes, AGATHE.

GRIFFET, *appellant Agathe qui, le voyant, rentrait pour l'éviter.*

Citoyenne ! citoyenne ! (*Il va la chercher, et l'amène sur le devant de la scène, et comme elle lui tourne le dos, il la fait retourner, en lui disant,*) citoyenne.

AIR : *De la catacoua.*

Mon silence a dû vous surprendre,
Je vais parler, écoutez-moi :
J'ai le cœur chaud, j'ai le cœur tendre,
Et vos attraits me font la loi.
Long-tems, il faut que j'en convienne,
J'en suis resté l'amant discret :
   Plus de secret,
   Oui, ç'en est fait ;
Que votre cœur doit être satisfait !
   Dès ce soir, belle citoyenne,
Je vous fais madame Griffet.

AGATHE.

Qu'est-ce que cela signifie ?

GRIFFET.

Cela signifie, mon cœur, que dans tout le pays, je suis le seul parti digne de vous ; que vous êtes, à-peu-près, digne de moi, et que nous sommes dignes l'un de l'autre.

AGATHE

Mais...

GRIFFET

Egalité de jeunesse, égalité de fortune, égalité d'esprit ; la fête de l'égalité, doit mettre ensemble toutes ces égalités-là.

DUPRE, *à part*.

Qu'il est heureux !

AGATHE.

Mais enfin...

GRIFFET, *lui prenant la main, quelle retire*.

De plus, ma chère amie, c'est la volonté de votre père.

AGATHE.

De mon père ?

GRIFFET.

Oui, citoyenne.... Vous avez-là un beau bouquet : ça me fait souvenir que j'ai oublié de vous en apporter un, moi qui ai des fleurs à ne savoir qu'en faire ; j'en ai donné à tout le village.... Qui est-ce qui vous a fait présent de celles-là ?

AGATHE.

C'est Dupré.

GRIFFET.

Dupré ! mon ami, j'en suis charmé : comme c'est un sujet que je vous destine, je suis ravi de voir qu'il commence par ces petites attentions là.

AGATHE.

De grace, expliquez-moi...

GRIFFET.

Je n'ai pas le tems.

AGATHE.

Mais encore une fois ?...

GRIFFET.

Chut!

AIR : *Pour vous je vais me décider.*

Je vous laisse avec ce garçon,
Il est fidèle, il m'intéresse;
En arrivant dans la maison,
Vous allez être sa maîtresse :
Votre époux vous en fait présent,
Ce soir il entre en exercice ;
Et je veux que dès à présent
Il se fasse à votre service.   (bis.)

(*Il va pour sortir, et voyant Dupré loin d'Agathe, il revient, et lui dit.*) Va donc, mais va donc....(*Il le pousse près d'Agathe.*) Ah! qu'il est neuf! (*il sort.*)

SCÈNE VIII.

AGATHE, DUPRE.

AGATHE.

Savez-vous ce que veut dire tout ce bavardage ?

DUPRE.

Pas absolument; mais je sais que le citoyen Griffet vient de vous demander en mariage, et qu'il parait certain du consentement de votre père.

AGATHE.

Quoi! mon père, sans me consulter, sans me parler de rien!.... Cela m'étonne.

DUPRE.

Oui, lui qui est si bon!

AGATHE.

Qui m'a toujours témoigné tant d'amitié, tant de confiance!

DUPRE.

Cette union vous déplaît ?

AGATHE.

Beaucoup, je vous assure.

DUPRE.

Vous n'aimez donc pas Griffet ?

AGATHE.

Du tout; et je ne devine pas les raisons qui ont pu déterminer mon père à l'accepter pour gendre.

DUPRE.

Et vous l'épouserez ?

AGATHE.

Mais, si mon père l'exige...

DUPRE.

Vous serez bien malheureuse.

AGATHE.

Que voulez-vous !

AIR : *On ne peut aimer qu'une fois.*

J'ai su toujours céder aux vœux
 D'un père que j'adore ;
Si cet hymen le rend heureux,
 J'y dois céder encore.
Je ne dis pas que pour mon cœur
 Ce lien soit prospère ;
Mais je trouverai mon bonheur
 Dans celui de mon père.

DUPRE.

Ainsi vous ferez des heureux, et vous ne serez pas heureuse.

AGATHE.

Et vous !

DUPRE.

Moi !

Air : *Vous me plaignez, ma tendre amie.*

Ah ! je bénis ma destinée,
Elle me fixe près de vous ;
Oui, si la votre est fortunée,
Mon sort me semblera bien doux.
Puisse, durant sa vie entière,
L'époux qui va vous obtenir,
Mettre autant de zèle à vous plaire
Que j'en vais mettre à vous servir.   (*bis.*)

AGATHE.

Même air.

Vous, me servir ! Est-ce la place
Que le ciel devait vous garder !
Non, quelque chose que je fasse,
Je ne pourrai vous commander.

DUPRE.

Ah ! dans vos yeux laissez-moi lire
Ce que vous craindrez d'ordonner ;
Un seul regard pourra m'instruire,
Et je saurai vous deviner.   (*bis.*)

AGATHE, *à part.*

Pauvre jeune homme ! quel dommage !

DUPRE, *à part.*

Epouser ce Griffet ! que je la plains !

AGATHE.

Petit ami, je ferai tout pour adoucir votre état.

DUPRE,

Ah ! je n'aspire qu'à vous voir contente.

AIR : *Des riches dons de la nature.*

ENSEMBLE

Dieu protecteur ! veille sur elle ;
Assure sa félicité :
Des vertus elle est le modèle,
Et tu lui dois ta bonté
Ecoute les vœux que je fais ;
Daigne répondre à mes souhaits :
Dieu protecteur ! ah ! pour jamais,
Sur elle répands tes bienfaits.

AGATHE.

Destinée injuste et cruelle !
Tu causas son adversité ;
Des vertus il est le modèle,
Tu lui devais ta bonté.
Ecoute les vœux que je fais ;
Daigne répondre à mes souhaits :
Dieu protecteur ! ah ! pour jamais,
Sur lui répands tous tes bienfaits.

DUPRE.

Toujours le même ;
Du bien suprême,
Auprès de vous je vais jouir ;
Soumis, fidèle,
Rempli de zèle,
Je vivrai pour vous obéir.

AGATHE.

Il est facile
D'être docile
Aux loix qu'une sœur peut dicter ;
Oui, c'est en frère,
Que sans mystère,
Agathe prétend vous traiter.

DUPRE.

Quoi ! vous, ma sœur !
Ah ! pour moi, que ce mot est flatteur.

AGATHE.

Oui, votre sœur.
Ah ! pour vous, ce titre est dans mon cœur.

DUPRE.

ENSEMBLE

Dieu protecteur ! veille sur elle, etc.

AGATHE.

Destinée injuste et cruelle, etc.

A la fin du duo, on a vu Gérard observer et écouter les jeunes gens.

SCENE IX.

Les mêmes, GERARD.

GERARD, à part.

AH! ah! (*Se trouvant tout-à-coup au milieu des jeunes gens.*) Bon jour, Dupré.

DUPRE, embarrassé.

Votre serviteur, citoyen Gérard, je venais...

GERARD.

Je suis bien aise de te voir.

AGATHE, un peu honteuse.

Mon père, je causais avec Dupré...

GERARD.

Le petit ami, que tout le canton estime, et chérit avec raison.

DUPRE, modestement.

Ah!

GERARD, lui tendant la main.

Touche-là, mon garçon.... ma fille sait tout le bien que je pense de toi.

AGATHE.

Ah! oui.... mon père me fait souvent votre éloge.

DUPRE.

C'est trop de bonté!

GERARD.

Point du tout, et je vois avec plaisir que ma fille commence à te distinguer.

AGATHE, *avec embarras.*

Mon père.....

GERARD.

Tu fais bien ; il est de nos parens.

AGATHE et DUPRE.

Nos
De parens !
Vos

GERARD.

Oui, et si je le dis, c'est que ça est ; car je ne suis pas le cousin de tout le monde.

AIR : *Vaudeville de la Soirée Orageuse.*

Bons patriotes, bons Français,
Bons amis, bons fils et bons pères,
Voilà ceux que je reconnais
Pour mes parens et pour mes frères ;
Je n'en exclus que les méchans,
Et je l'ai toujours dit, ma fille,
Les braves gens, les bonnes gens } *bis*, avec
Sont tous de la même famille. } Agathe.

AGATHE.

Je ne l'oublierai jamais.

DUPRE.

Je ferai en sorte d'être digne de cette adoption.

GERARD.

J'aimais ton père, j'ai connu ses malheurs ; je l'ai plaint, et si j'avais pu le secourir... mais alors j'étais pauvre ; mon sort a changé, et j'ai dans l'idée que le tien changera.

DUPRE.

Eh ! comment !

GERARD, *lui frappant sur l'épaule, en signe d'amitié.*

Ne te chagrines pas.

AIR : *Ainsi donc loin d'acquiescer.*

Le bonheur a jusqu'à ce jour
　Trompé ton espérance ;
Moi, je t'en promets le retour,
　Oui, j'en ai l'assurance.
Il est, en dépit du hazard,
　Un dieu qui le dispense ;
Et la vertu doit, tôt ou tard,
　Trouver sa récompense.

AGATHE, *enchantée.*

Ah! mon père! (*à Dupré.*) Vous entendez?

DUPRE.

On se plaît à me consoler.

GERARD.

Oui, mon garçon.... (*Se tournant*) mais la fête, les apprêts, les guirlandes! Personne ne s'en occupe! Et Griffet?....

AGATHE, *tristement.*

Il sort d'ici.

GERARD, *observant Agathe.*

Ah! tu l'as vu!... Eh bien?

AGATHE.

Ce qu'il m'a dit est-il vrai, mon père?

GERARD.

Oui, je te marie ce soir.

AGATHE.

Ce soir!

GERARD.

Je l'ai décidé.

AGATHE.

Et vous me donnerez un homme...

GERARD.

Un homme que tu aimeras.

AGATHE.

Que j'aimerai !

GERARD.

Plus tu le connaîtras, et plus tu me sauras gré de mon choix.

AGATHE, *à part.*

Il faut donc subir mon sort !

DUPRE, *à part.*

Pauvre Agathe !

SCÈNE X.

Les mêmes, GRIFFET, DEUX PAYSANS, *portant des guirlandes.*

GRIFFET.

AIR : *Ah ! mon dieu que je l'échappai belle.*

Quel souci,
Quels efforts, quelles peines
Pour classer, ici,
Et citoyens et citoyennes !
Quel souci,
Quels efforts, quelles peines
Quand on veut en tout
Mettre autant d'ordre que de goût !

(*Au maire.*)
Oui, riez :
Est-ce à moi de tout faire ?
Vous vous oubliez ;
Mais allez-donc, citoyen maire.

(à *Agathe.*)
Vous aussi, suivez votre cher père.

(à *Dupré.*)
Demeure avec moi,
Dupré, j'aurai besoin de toi.

GERARD, à *Griffet.*

Vous dites....

GRIFFET.

Quel souci, etc.

GERARD.

On se repose sur vous.

GRIFFET.

Oui, on se repose sur moi, et personne ne fait rien, à commencer par vous qui, tandis que je me mets en quatre, vous amusez à babiller avec votre fille.

GERARD.

Je lui parlais de son mariage.

GRIFFET.

Paroles inutiles ; je lui ai dit tout ce qu'il fallait lui dire là dessus ; le reste à ce soir. Quant à présent, allez vous mettre, vous, (*à Gerard*) à la tête de la municipalité, et vous (*à Agathe*) à la tête des jeunes filles.

GERARD.

Mais....

GRIFFET.

Allez, beau-père, allez, point de bavardage.

GERARD.

Allons.... Il est aimable mon gendre.

GRIFFET, *les conduisant.*

C'est bon, c'est bon. (*Il les pousse dehors.*)

SCÈNE XI.

GRIFFET, DUPRE, Les deux Paysans.

DUPRE, *à part*.

QUEL homme! mais sa richesse fait oublier tous ses défauts.

GRIFFET.

Ah! mon dieu! quels gens! (*aux paysans.*) Eh bien, vous autres? les bras croisés! On ne sait rien faire ici sans moi.

(*Griffet va et vient, sans rien entendre à ce qu'il veut ordonner.*)

SCÈNE XII.

Les mêmes, JACQUELINE.

JACQUELINE.

ILS sont tous rassemblés, et comme je ne marche pas aussi vite qu'eux, je viens, tout bonnement, les attendre ici.

GRIFFET, *voyant Jacqueline*.

Toujours des importuns!

JACQUELINE, *à Dupré*.

Petit ami, est-on bientôt prêt?

DUPRE.

DUPRE.
Oui, oui, ça ira.
GRIFFET.
Ne le dérangez pas, citoyenne.
JACQUELINE, *du même ton.*
Je ne le dérange pas, citoyen.
GRIFFET, *à l'un des paysans.*
Allons, par ici cette guirlande.
LE PAYSAN.
Par où?
GRIFFET.
Par où?... là, à gauche.
DUPRE.
Non, c'est à droite.
GRIFFET.
Eh bien, oui, à droite.
JACQUELINE, *regardant Griffet.*
Il ne sait seulement pas ce qu'il veut faire.
DUPRE, *aux paysans.*
Dépêchons, mes amis.
GRIFFET, *allant toujours sans rien faire.*
Oui, oui dépêchons, dépêchons.

On pose toutes les guirlandes.

JACQUELINE, *admirant ce qu'on fait.*
C'est une jolie fête que la fête de l'égalité! (*à Griffet.*) N'est-ce pas citoyen?
GRIFFET, *avec humeur.*
Oui, c'est beau.
JACQUELINE, *à part.*
Ce qui me fait plaisir, c'est que ça le désole, et qu'il est obligé de faire semblant d'être bien aise. (*haut à*

C

Griffet.) Plus de distinctions, plus de perminence ; ce n'est pas comme autrefois (*le prenant par le bras*) et c'est bien, n'est-ce pas ?

GRIFFET.

Et laissez-moi donc tranquille.

JACQUELINE.

AIR : *Si vous aimez la danse.*

Autrefois j'étions bêtes,
Et les grands l'trouvaient doux ;
Je payons de belles fêtes
Qui n'étaient pas pour nous.
A présent v'la qu'en France,
Grace à nos bonnes raisons,
C'est le pauvre qui danse
Et l'rich' pay' les violons. (*bis.*)

GRIFFET, *à Jacqueline.*

Où avez-vous pris cette chanson là ?

JACQUELINE, *sans l'écouter.*

Dans l'eux bals d'importance
Je n'étions pas admis,
Gn'avait d'réjouissance
Qu'pour eux, et leurs amis.

CHŒUR.

A présent v'la qu'en France, etc.

GRIFFET, *avec impatience.*

Assez, la vieille, assez.

JACQUELINE.

Quand c'te cliqu' mal-honnête
Avait vuidé les plats,
On nous j'tait à la tête
Queuq' mauvais cervelas.

CHŒUR.

A présent v'la qu'en France, etc.

GRIFFET, *très-impatienté.*

Vous tairez-vous ?

JACQUELINE, *prenant Griffet par le bras, pour le forcer d'entendre ce couplet.*

Même air.

Jadis la politique
Payait les viv' le roi,
Mais l' viv' la république,
Chacun d'nous l'trouve en soi.

(*Elle fait danser Griffet.*)

CHŒUR.

A présent v'la qu'en France,

On entend au loin la marche suivante.

GRIFFET.

Les voilà, les voilà.

DUPRE.

Nous avons fini.

GRIFFET, *s'essuyant le front, avec un air très-affairé.*
Oui, nous avons fini.

DUPRE.

Viens, ma bonne Jacqueline, donne moi le bras. (*Ils vont se joindre à la marche, excepté Griffet qui bat la mesure à contre-sens, et fait son embarras.*)

SCENE XIII.

Les mêmes, AGATHE, GERARD, LES OFFICIERS MUNICIPAUX, LA GARDE NATIONANE, TOUT LE VILLAGE. (*Deux enfans, garçon et fille, portent le buste de J.-J. Rousseau, entre deux femmes qui ont chacune un nourrisson.*

CHŒUR et MARCHE.

AIR : *L'amour dans le cœur d'un français.*

CE jour va nous rapprocher tous,
Amis, célébrons-en l'aurore;
Ce jour heureux, ce jour si doux,
Pour nous la loi le fait éclore;
Les grands causèrent tous nos maux.
 Plus de noblesse,
  De rangs, d'altesse;
Vivons, vivons toujours égaux.   (*bis.*)

Quand la marche a fait le tour du théâtre, on arrête le buste de Jean-Jacques Rousseau sur le devant de la scène.

GERARD.

Citoyens, nous célébrons aujourd'hui la fête de l'égalité, et si tous les jours nous en goûtons les douceurs, c'est à Jean-Jacques Rousseau, à ce grand homme que nous en sommes redevables.—

Pendant toute la scène, Griffet doit aller et venir, battre la mesure, et faire la mouche du coche.

AIR : *Je l'ai planté, je l'ai vu naître.*

Il nous apprit que la nature
Ne fit ni les grands, ni les rois;
Et qu'en dépit de l'imposture,
Nous sommes tous égaux en droits.

(37)

C'est ce philosophe sensible qui a rappellé les femmes au premier devoir de la nature, celui de nourrir leurs enfans.

UNE NOURRICE.

Ah! faut-il donc qu'on nous pres-cri-ve Un devoir

pour nous plein d'appas, De combien de plai-sirs se pri-ve

La mère qui ne nour-rit pas, La mè-re qui ne nour-rit pas,

En donnant toutes mes tendres-ses, A mon en-fant, que

je ché-ris, Si j'en entends les premiers cris, J'en ai les premiè-

res car-res-ses, J'en ai les premiè-res car-res-ses.

GERARD.

Mes enfans, c'est la raison qui nous a conduits à l'égalité; c'est la raison qui la maintiendra, et c'est à la raison que tout nous dit de rendre hommage.

GERARD, DUPRE, AGATHE.

AIR: *Le dieu de Paphos et de Gnide.* (très-doux.)

Ici, la raison nous inspire,
Elle préside à nos concerts;

C 3

Sorti des fers,
A sa voix l'homme respire;
Son empire,
Son seul empire
Doit régir tout l'univers.   (*bis.*)

CHŒUR, *fort.*

Ici, la raison, etc.

GERARD, DUPRE, AGATHE. (*doux*).

Elle répand la lumière,
Elle conduit l'homme à la liberté;
Du français quelle régénère,
Elle fait la félicité.
C'est elle encor qui nous console
Quand nous éprouvons des malheurs,
Et le bonheur, quand il s'envole,
Nous laisse la raison pour essuyer nos pleurs.

CHŒUR, *fort.*

Elle répand la lumière, etc.

UN PAYSAN.

Citoyen maire, n'avons nous pas un mariage?

GERARD.

Oui.

GRIFFET.

Un moment : je ne me marie pas encore, d'abord les discours, et c'est moi qui commence.

UN PAYSAN.

Bah! il ne sait jamais ce qu'il dit.

JACQUELINE.

C'est qu'il n'est pas bon républicain; ce qu'il dit ne vient pas du cœur, et en fait de patriotisme, le cœur seul donne de l'éloquence.

TOUT LE MONDE.

Comment, c'est lui. Ah!....

GERARD.

Silence.

GRIFFET, *à la tribune, lisant dans un énorme cahier, et s'embarrassant à chaque mots.*

Citoyens, l'égalité nous rassemble en ce jour... en ce jour, pour, pour.... partager.... partager les avantages de... de des sentimens que... que... qui... qui nous rassemblent, et de... du... dont...

JACQUELINE, *se mocquant de lui.*

Et du..... dont..... dindon. Il ne sait seulement pas lire.

GRIFFET.

C'est si mal écrit... Je vais recommencer.

TOUS.

Non... non.

JAQUELINE.

A bas, l'orateur.

TOUS.

Oui, à bas.

JACQUELINE.

A toi, citoyen maire.

GERARD, *allant à la tribune.*

Vonlontiers.

TOUS.

Bravo! bravo!

GRIFFET, *descendant, après avoir fait inutilement tous ces efforts pour être entendu.*

Mon écriture est si fine.

JACQUELINE.

Oh! oui, l'écriture.

GRIFFET.

Je voudrais bien vous y voir.... liriez vous ça, vous qui parlez?

Tous.

Paix ! paix !

GERARD, *à la tribune*.

Citoyens, c'est moins par des discours que par des actions qu'on doit inspirer l'amour des vertus républicaines.

Tous, *applaudissant*.

C'est ça.

GERARD.

Dans un pays où règne l'égalité, il ne doit y avoir ni grande richesse, ni extrême indigence ; et pour établir cet heureux équilibre, il faut que celui qui possède beaucoup, vienne au secours de celui qui ne possède rien. Voilà, mes amis, comment nous devons parvenir à l'égalité ; c'est à moi de vous en donner l'exemple, et ma fille qui est le plus riche parti du canton, je la marie au garçon qui en est le plus pauvre, et c'est à Dupré.

AGATHE et DUPRE, *avec joie*.

Oh ! ciel !

CHŒUR *De Félix*. (Quoi ! c'est son fils.)

Quoi, c'est Dupré !
C'est Dupré !

DUPRE.

Quoi Gérard m'a préféré

CHŒUR.

Oui. Gérard l'a préféré ;
Ah ! quel jour prospère !

AGATHE et DUPRE.

Mon père !

CHŒUR.

Ah ! quel jour prospère ;
Gérard ne pouvait pas mieux faire,
Ce choix à tous deux fait honneur ;
Ah ! quel bonheur.   (*bis.*)

GERARD, aux jeunes gens.	AGATHE et DUPRE.	LE CHŒUR.
Puissiez-vous faire long-tems Le bonheur de votre père ; Et puissai-je voir long-tems Le bonheur de mes enfans !	Puissions-nous faire long-tems Le bonheur d'un si bon père ; Puissiez-vous jouir long-tems Du bonheur de vos enfans !	Puissiez-vous faire long-tems Le bonheur d'un si bon père ; Puissiez-vous jouir long-tems Du bonheur de vos enfans !

GRIFFET.

Ah ! ça, mais je n'entends rien à ce bonheur là, moi. Qu'est-ce que tout cela signifie ?

GERARD.

Vous ne vous en doutez pas ?

GRIFFET.

Comment ! citoyen maire, après la parole positive que vous m'aviez donnée ; après m'avoir dit, positivement, nous verrons.

GERARD.

Eh ! bien j'ai vu.

GRIFFET, *à Agathe.*

Et vous, citoyenne ?...

AGATHE, *montrant Dupré.*

Vous me l'avez donné, je l'accepte.

GRIFFET, *à Dupré.*

Mais vous, mon jardinier ?...

DUPRE, *montrant Agathe,*

Vous m'avez dit de m'attacher particulièrement à elle, je m'y attache de tout mon cœur.

JACQUELINE.

Et comme vous disiez tantôt, c'est une affaire arrangée.

GRIFFET.

Oui, c'est comme ça? tout le monde s'entend pour me narguer; eh! bien, dorénavant, conduise les fêtes qui voudra; je ne me mêle plus de rien. J'emporte mon discours, et je vous abandonne tous. (*Il sort.*)

JACQUELINE.

Ah! mon dieu, quel malheur!

TOUS, *le conduisant.*
AIR: *Adieu donc.*

C'est bien fait; (*bis.*)
Adieu, monsieur Griffet. (*bis.*)

SCÈNE XIV et dernière.

Les précédens, *excepté* GRIFFET.

DUPRE et AGATHE, à Gérard.

Ah! mon père.

GERARD.

Embrassez-moi, mes enfans.

JACQUELINE.

Oh! le brave homme, le brave homme!

GERARD, *à tout le village.*

Mes amis, pour terminer gaîment cette fête, un repas fraternel et républicain vous attend chez moi. Nous y célébrerons le mariage d'Agathe avec Dupré, et puisse le raprochement de deux êtres qu'avait séparés la fortune, graver, à jamais, dans vos cœurs les principes de notre chère et sainte égalité.

TOUS.

Oui, vive l'égalité, vive la république.

VAUDEVILLE.

GERARD.

MAGISTRATS choi-sis pour ins-trui-re Un peuple bon, sen-si-ble et doux, Ap-pre-nez que pour se con-dui-re, Il a les yeux fi-xés sur vous ; Dans vos discours pa-tri-o-ti-ques, Si vous voulez a-voir rai-son, En prêchant les ver-tus ci-vi-ques, Joi-gnez l'e-xem-ple à la le-çon.

JACQUELINE.

Vous, sur-tout, mères de familles,
Qui parlez de vertus, de mœurs,
Vous criez envain à vos filles
De craindre les amans trompeurs :
C'est peu de leur montrer sans cesse
L'amour comme un affreux poison ;
Pour leur faire aimer la sagesse,
Joignez l'exemple à la leçon.

AGATHE, à Dupré.

Mon ami, dans notre ménage
Fixons la paix et le bonheur;
Aime bien, aime sans partage
Celle qui t'a donné son cœur.
Laisse-moi lire dans ton ame,
Et sans réserve et sans façon,
Et sois assuré que ta femme
Joindra l'exemple à la leçon.

DUPRE, au Public.

Citoyens, il faut vous le dire,
Chacun de nous craint les censeurs;
Mais envain ils voudraient nous nuire,
Si vous étiez nos défenseurs.
Ramenez-les à l'indulgence,
Et pour les mettre à l'unisson;
Avec bonté, daignez d'avance
　　　(*Faisant le geste d'applaudir.*)
Joindre l'exemple à la leçon.

CHŒUR.

Ramenez-les à l'indulgence, etc.

FIN.

www.ingramcontent.com/pod-product-compliance
Lightning Source LLC
Chambersburg PA
CBHW062011070426
42451CB00008BA/634